8766

NOTICE

*Des principaux articles du cabinet de livres de feu M.***, dont la vente se fera en sa maison, rue Neuve Sainte Genevieve, près l'Estrapade, le Lundi 23 Avril 1781, & jours suivants, 3 heures de relevée.*

N°. premier. 23 vol. in fol. dont:

COLLECTION of the Sermons preached by Robert Boyle. *London*, 1739, 3 vol. in fol. — 36

The Works of Tillotson. *London*, 1728, 3 vol. in fol. — 16

Bibliotheque Orientale, par d'Herbelot. *Paris*, 1697, in fol. — 14 .. 19

Vies des Hommes Illustres de Plutarque, trad. par Amyot. *Paris*, 1572, in fol. — 15
Les Œuvres Morales du même. *Paris, Vascosan*, 1575, in fol.

Linguarum veterum Septentrionalium thesaurus, auctore Georg. Hickesio. *Oxoniæ*, 1705, 2 vol. in fol. — 70

The History of the conquest of Mexico, by the Spaniards. Done into English, from the Spanish, of Don Ant. de Solis, by Th. Townsend, *London*, 1724, in fol. fig. — 6 2

A

The Royal commentaries of Peru, written by Inca Garcilaſſo de la Vega, and rendered into English by P. Ricaut. *London*, 1688, in fol. figures.

Hiſtoire & Chronique de J. Froiſſart. *Paris*, 1584, 4 tom. en 1 vol. in fol.

Œuvres d'Eſtienne Paſquier. *Amſterd.*, 1723, 2 vol. in fol.

The English, Scotch, and Irish Hiſtorical Libraries. By Nicolſon. *London*, 1736, in fol.

N°. 2. 56 vol. in 12.

Traduction de quelques ouvrages de Tacite, par l'Abbé de la Bleterie. *Paris*, 1755, 2 vol.

Opere di Cornelio Tacito, trad. da B. Davanzati. *in Parigi*, 1760, 2 vol.

The Works of Tacitus with political diſcourſes, by T. Gordon. *London*, 1753, 5 vol.

Hiſtoire des Juifs, trad. de Joſeph, par Arnauld d'Andilly. *Amſterd.* 1703, 5 vol. fig.

Révolutions Romaines, par l'Abbé de Vertot. *Paris*, 1753, 3 vol.

Abrégé Chronologique de l'Hiſt. des Empereurs. *Paris*, 1753, 2 vol.

Révolutions d'Eſpagne, par le P. d'Orléans. *Par.* 1737, 5 vol.

Les délices des Pays-Bas. *Bruxelles*, 1743, 4 vol. figures.

Hiſtoire de la Guerre des Pays-Bas, par Strada, trad. par du Ryer. *Brux.* 1739, 6 vol. fig.

Hiſtoire de Malthe, par l'Abbé de Vertot. *Paris*, 1755, 7 vol.

(3)

N°. 3. 48 vol. in 8. & in 12.

Arrianus de expeditione Alexandri Magni, gr.
  & lat. cum notis variorum. *Amstelod.* 1668,
  in 8. — — — — — — — — — — 4 .. 10

Histoire Universelle de Bossuet. *Paris*, 1765,
  2 vol. — — — — — — — 3 .. 4

Mémoires Chronologiques pour servir à l'Hist.
  Ecclésiastique, depuis 1600. 1720, 4 vol. — — 1 .. 11

Hist. de l'Université de Paris, par Crévier. *Paris*,
  1761, 7 vol. — — — — — — — 5

Traité de l'inspiration des Livres Sacrés, par
  Jaquelot. *Amst.* 1752, 2 vol. — — — — 1 — 16

Hist. du Christianisme des Indes, par la Croze.
  La Haye, 1758, 2 vol. — — — — — 1 — 15

N°. 4. 56. vol. in 12.

Hist. Universelle de Diodore de Sicile, trad. par
  l'Abbé Terasson. *Paris*, 1758, 7 vol. — — — 14 .. 2

Dictionnaire des Hérésies, par M. l'Abbé Plu-
  quet. *Paris*, 1762, 2 vol. — — — — — 3 .. 19

Histoire de Danemarck, par M. Mallet. *Lyon*,
  1766, 6 vol. — — — — — — — 4 .. 2

Histoire de l'Empire Ottoman, par Cantimir.
  Paris, 1743, 4 vol. — — — — — 2 .. 19

Histoire de l'Empereur Charles-Quint, trad. de
  Robertson. *Paris*, 1771, 6 vol. — — — 10 — 13

L'Alcoran de Mahomet, trad. par du Ryer. *La
  Haye*, 1685, 1 vol. — — — — — 2 — 10

N°. 5. 53 vol. in 8 & in 12.

Herodoti Historiæ, gr. & lat. *Glasgua, Foulis*,
  1761, 9 vol. — — — — A ij — 34 . 15

28 . . 3 Thucydidis Historiæ, gr. & lat. *Glasguæ, Foulis*, 1759, 8 vol.

11 Xenophontis Græcorum res gestæ, gr. & lat. *Glasguæ, Foulis*, 1762, 4 vol.

9 . . 1 Titus-Livius, cum notis Jo. Clerici. *Amstelod.* 1710, 10 vol.

4 . . 10 C. Julii Cæsaris Commentarii, cum notis vario-rum. *Amst.* 1670, in 8. m. r.

15 Histoire Universelle de Puffendorff, continuée par la Martiniere. *Amsterd.* 1743, 11 vol.

10 Abrégé Chronologique de l'Histoire d'Italie, par de Saint - Marc. *Paris*, 1761, 5 vol. in 8.

5 Histoire générale d'Italie, par M. Targe. *Paris*, 1774, 4 vol.

N°. 6. 50 vol. in 12.

18 . . 10 C. Corn. Taciti Opera, cum supplementis & notis Gab. Brotier. *Parisiis*, 1776, 7 vol.

21 Histoire des Juifs, par Basnage. *La Haye*, 1716, 15 vol.

11 Histoire Ancienne des Peuples de l'Europe, par le Comte de Buat. *Paris*, 1772, 12 vol.

1 . . 10 Histoire des Celtes, par Pelloutier. *La Haye*, 1750, 2 vol.

5 Antiquité de la Nation & de la Langue des Cel-tes, par Dom Pezron. *Paris*, 1703, 1 vol.

N°. 7. 70 vol. in 4. & in 12.

6 . . 3 Traité des Monnoies, par le Blanc. in 4.

5 Essai sur les Batailles, par M. de Grimoard. *Par.* 1775, in 4.

(5)

Atlas Elémentaire de l'Empire d'Allemagne, par
l'Abbé Courtalon. *Paris*, 1774, in 4. — — — . 5

The Chronology of ancient Kingdoms amended.
by If. Newton. *London*, 1728, in 4. — — — . 3

Hiftoria Religionis veterum Perfarum, auct. Th.
Hyde. *Oxonii*, 1760, in 4. fig. — — — . 17 — 2

Jo. H. Hottingeri Grammatica quatuor linguarum,
Hebraicæ, Chaldaicæ, Syriacæ & Arabicæ Har-
monica. *Heidelbergæ*, 1659, in 4. — — . 10 — 19

Obfervations Hiftoriques & Géographiques fur
les Peuples Barbares qui ont habité les bords
du Danube, par de Peyffonel. *Paris*, 1765,
in 4. fig. — — — — — . 4 — 5

Notice de l'ancienne Gaule, par d'Anville. *Par.*
1760, in 4. — — — — — — . 5 — 1

Paufanias, ou Voyage hiftorique de la Grece,
trad. par Gedoyn. *Paris*, 1731, 2 vol. in 4. 20 — 19

Hiftoire de Polybe, trad. par Folard. *Amfterd.*
1759, 7 vol. in 4. — — — . 38 — 19

Mémoires du Comte de Grammont, par le
Comte Hamilton. Nouvelle Édition, augmen-
tée de Notes & d'éclairciffements néceffaires,
plus correcte que les précédentes, & dans la-
quelle on a rétabli plufieurs noms propres, que
les premiers Editeurs avoient eftropiés, par M.
H. Walpole. *Strawberry-Hill*, 1772, in 4. — 80

Cette Edition a été imprimée chez M. Walpole,
& à fes dépens; elle fe trouve très rarement
dans le Commerce.

Iftoria Civile del regno di Napoli, di P. Giannone.
Haia, 1753, 5 vol. in 4. — — — — 18

Hiftoire de l'établiffement de la Monarchie Fran- 8

çoife dans les Gaules, par Dubos. *Par.* 1742,
2 vol. in 4.

Les Œuvres de Maître Alain Chartier. *Paris*,
1617, in 4.

Hiftoire des Guerres Civiles de France, par Da-
vila. *Amfterd.* 1757, 3 vol. in 4.

N°. 8. 18 vol. in fol.

Biographia Britannica : or the lives of the moft
eminent perfons, of great Britain, and Ireland.
London, 1747, 7 tom. en 6 vol.

Traité de la Police, par de la Mare. *Par.* 1705,
4 vol.

Memorials of the English affairs. *Lond.* 1682,
1 vol.

The great charter, and charter of the foreft, by
Will. Blackftone. *Oxford*, 1759, 1 vol.

The Hiftory of the execrable Irish rebellion.
London, 1680, 1 vol.

A new Law Dictionary, by G. Jacob. *London*,
1762, 1 vol.

An Hiftorical and Critical deduction of the ori-
gine of Commerce of the British Empire.
London, 1764, 2 vol.

N°. 9. 70 vol. in 12.

Géographie moderne, par Nicolle de la Croix.
Paris, 1769, 2 vol.

Mémoires de la minorité de Louis XIV. *Amft.*
1723. 2 vol.

Abrégé Chronologique des Grands-Fiefs de la
Couronne. *Paris*, 1759, 1 vol.

(7)

Commentaires de Blaise de Montluc. *Par.* 1760,
4 vol. _ _ _ _ _ _ _ _ _ _

Chansons notées de la très vénérable Confrairie
des Francs - Maçons , par Naudot. 1744,
m. bl. _ _ _ _ _ _ _ _ _

N°. 10. 85 vol. in 12.

Mémoires du Cardinal de Retz. *Geneve*, 1761,
7 vol. _ _ _ _ _ _ _

Histoire du Traité de Westphalie. *Paris*, 1744,
6 vol. _ _ _ _ _ _ _ _

Histoire de Maurice , Comte de Saxe. *Paris*,
1775 , 2 vol. _ _ _ _ _ _ _

Voyage Pittoresque de Paris & des environs. *Par.*
1778 , 2 vol. _

Histoire de Louis XI , par Duclos. *La Haye*,
1745 , 3 vol. _ _ _ _ _ _

Mémoires de du Bellay. *Paris*, 1753 , 3 vol. _

Lettres du Cardinal d'Ossat. *Amsterdam*, 1732,
5 vol. _ _ _ _ _ _

Mémoires de Bordeaux. *Amsterd.* 1758 , 4 vol. _

Mémoires Politiques & Militaires du Maréchal
de Noailles , par l'Abbé Millot. *Paris*, 1777,
6 vol. _ _ _ _

N°. 11. 65 vol. in 12 & in 4.

Histoire du Paraguay , par le Pere Charlevoix.
Paris, 1757 , 6 vol. _ _ _ _ _

Eléments de l'Histoire de France , par Millot.
Paris, 1770 , 3 vol. _ _ _ _ _

Histoire de France , par l'Abbé Velly. *Par.* 1757,
24 vol. _ _ _ _ _ _ _

A iv

Histoire Universelle de M. de Thou. *Basle*, 1742, 11 vol. in 4.

The History of the life of King Henry the second, by George, Lord Littelton. *Lond.* 1767, 4 vol. in 4.

The life and reign of King Henry VIII, by Edward, Lord Herbert de Cherbury. *London*, 1683, in fol.

The History of Ireland, by T. Leland. *London*, 1773, 3 vol. in 4.

N°. 12. 13 vol. in-fol. & in-4.

Dictionnaire historique, par Prosper Marchand. *La Haye*, 1758, 2 tom. en 1 vol.

Dictionnaire universel de Trévoux. *Par.* 1721, 6 vol.

Dictionnaire économique, or the family Dictionary. *Dublin*, 1727, 2 vol.

Histoire générale de la Chine. *Par.* 1777, 8 vol. in 4. en feuilles.

N°. 13. 72 vol. in 8. & in 12.

Lodge's peerage of Ireland. *London*, 1754, 4 vol.

Salmon's short view of the families of english nobility. *London*, 1761, 2 vol. in 12.

Bolingbroke's Remarks on the History of England. *Lond.* 1747, in 8.

—— Collection of political tracts. *Lond.* 1748, in 8.

—— Letters on the study of history. *Lond.* 1752, in 8.

Bapt. Angeloni's letters on the english nation. *Lond.* 1756, 2 vol. in 8.

West's observations on the history and eviden-
ces of the Resurrection of Jesus Christ. *Lond.*
1749, in 8.   3 -- 19

Brown's essays on the characteristics. *London*,
1752, in 8.   3

X John Leland's view of the principal deistical
writers of England. *Lond.* 1757, 2 vol. in 8.   12

The divine legation of Moses demonstrated. *London*, 1766, 5 vol. in 8.   21

X Warburton's Julian, or a discourse concerning
the earthquake which defeated that Emperor's
attempt to rebuild the temple at Jerusalem.
Lond. 1751, in 8.   5 --

Rob. Lowth de sacra Poesi hebræorum. *Oxonii*,
1763, in 8.   5 -- 10

X A Catalogue of the royal and noble Authors of
England. *Lond.* 1759, 2 vol. in 12.   8 -- 19

Arthur Collins's peerage of England. *London*,
1768, 7 vol. in 8.   35 -- 19

Memoirs of Edmund Ludlow. *Edimburgh*, 1751,
3 vol. in 12.   4

N°. 14. 75 vol. in 8.

X Trials for high Treason. *Lond.* 1720, 9 vol.   39 -- 19

David Hume's history of England. *Dublin*, 1769,
8 vol.   30

The life of Edward Earl of Clarendon. *Oxford*,
1761, 3 vol.   8 -- 12

Bacon's letters, speeches and advices. *London*,
1763, un vol.   2 -- 11

Whitaker's genuine history of the Britons asser-
ted. *Lond.* 1772, un vol.   5 -- 4

Clarendon's history of the rebellion and civil wars in England. *Oxford*, 1721, 6 vol.

A Collection of the Parliamentary debates in England from 1668. *Lond.* 1741, 22 vol.

Debates of the house of Commons. *Lond.* 1763, 10 vol.

N°. 15. 50 vol. in 8. & in 4.

The Parliamentary or Constitutional history of England. *London*, 1762, 24 vol. in 8.

Will. Blackstone's Commentaries on the laws of England. *Dublin*, 1771, 4 vol in 8.

—— Analysis of the laws of England. *Oxford*, 1762, un vol.

Louthiana, or an introduction to the Antiquities of Ireland, by Th. Wricht. *Lond.* 1758, in 4. with cuts.

Histoire littéraire de la France. *Par.* 1733, 12 vol. in 4.

Goth. Guill. Leibnitii opera omnia. *Genev.* 1768, 6 vol. in 4.

N°. 16. 71 vol. in 12.

Abrégé de la République de Bodin. *Lond.* 1755, 2 vol.

An estimate of the manners and principles of the times. *Lond.* 1758, 2 vol. in 8.

La République de Platon. *Paris*, 1762, 2 vol. in 12.

Recherches & Considérations sur les Finances de France, par Forbonnais. *Liege*, 1758, 6 vol. in 12.

N°. 17. 73 vol. in 8 & in 12.

Rich. Burn's Juſtice of the peace and Parish Of-
  ficer. 1757, 3 vol. in 8.

Sidney's Diſcourſes, concerning Government.
  Edimburgh, 1750, 2 vol. in 8.

Lifes of the Admirals and other eminent British
  Seamen, by Campbell. *Lond.* 1742, 4 vol.
  in 8.

Recueil des Voyages qui ont ſervi à l'établiſſe-
  ment de la Compagnie des Indes. *Amſterdam*,
  1725, 12 vol. in 12. fig.

Recueil de Voyages au Nord. *Amſterd.* 1732,
  4 vol. in 12. fig.

Voyages de Tavernier, en Turquie, en Perſe &
  aux Indes. *Paris*, 1724, 6 vol. in 12. fig.

N°. 18. 28 vol. in 12 & in 8.

A tour thro' the whole Iſland of great Britain.
  Lond. 1742, 4 vol.

Wharton's life and writings. *Lond.* 1732, 2 vol.
  in 8.

Letters of Junius. *Lond.* 1772, 2 vol. in 12.

Monde Primitif, par M. Court de Gébelin. *Par.*
  1774, 4 vol. in 4.

N°. 19. 19 vol. in fol.

Francis Bacon's Works. *Lond.* 1753, 3 vol.

Selden's diſcourſe of the Laws and Government
  of England. *Lond.* 1739, 1 vol.

Will. Temple's Works, *Lond.* 1740, 2 vol.

Chaucer's Works, by Urry. *Lond.* 1721, 1 vol.

Beaumont's and Fletcher's, Comedies and Tragedies. *Lond.* 1679, 1 vol.

John Milton's Works. *Lond.* 1738, 2 vol.

Paradiſo perduto di Giov. Milton, tradot. di Paolo
Rolli. *Londra,* 1736, 1 vol.

Franc. Junii Etymologicum Anglicanum. *Oxonii,*
1743, 1 vol.

N°. 20. 56 vol. in 12.

Poëtes François, de Couſtelier. 7 vol. in 8.

Œuvres de Philippe Deſportes. *Paris,* 1600,
in 8.

Tragédies d'Eſchyle. *Paris,* 1770, in 8.

Œuvres de Marot. *La Haye,* 1731, 6 vol. in 12.

Choix de Poéſies Allemandes, par M. Huber.
Paris, 1766, 4 vol. in 12.

N°. 21. 72 vol. in 12.

La Gieruſalemme liberata di Torq. Taſſo. *Glaſ-
gua,* 1763, 2 vol.

Sam. Garth's Ovid's Metamorphoſes. *Lond.* 1720,
2 vol.

Horatius. *Lond.* Sandby, 1749, 2 vol.

Las Obros de Pierre Goudelin. *Toulouſe,* 1716,
un vol.

Orlando Furioſo, di Lud. Arioſto. *Parigi,* Prault,
1746, 4 vol. m. r.

N°. 22. 60 vol. in 4, in 8 & in 12.

Ariſtotelis de Poetica liber gr. & lat. *Oxonii,*
1760, in 8. m. viol. dent.

Traité du Poëme Epique, par le P. le Boffu. *Par.* 1708, in 12.   1 - 10

Pope's Iliad, and Odyffey. *Lond.* 1720, 11 vol. in 12.   9 1

Catullus, Tibullus & Propertius, cum notis var. *Trajecti ad Rhen.* 1680, in 8.   20

Q. Horatii Flacci Opera. *Londini*, Æneis tabulis incidit Joh. Pine. 1733, 2 vol. in 8. m. r.   52 . - 19

P. Virgilii Maronis Opera. *Londini*, Knapton, 1750, 2 vol. in 12.   9

Catullus, Lucretius, Horatius, Ovidius, Virgilius, Lucanus, Juvenalis, Martialis & Phædrus. *Lond.* Tonfon, 11 vol. in 12. m. r.   32 .. 12

Della Eloquenza Italiana, di Giufto Fontanini. *In Venezia*, 1737, 2 vol. in 4.   6

Il Malmantile racquiftato, di Perlone Zipoli. *In Firenze*, 1731, in 4.   3

Il Morgante maggiore di Pulci. *In Firenze*, 1732, in 4.   4

Nouvelle Maifon Ruftique. *Paris*, 1755, 2 vol. in 4.   12 14

Le Théâtre des Grecs, par le P. Brumoy. *Paris*, 1730, 3 vol. in 4.   16 ... 9

Cumberland's Philofophical enquiry into the Laws of nature. *Dublin*, 1750, in 4.   7 ... 19

Elizabeth Carter's Works of Epictetus. *Lond.* 1758, in 4.   11 19

N°. 23. 12 vol. in 4. & in fol.

Caii Plinii Secundi Hiftoria Naturalis, cum notis Joan. Harduini. *Parif.* 1741, 3 vol. in fol.   26 .. 11

Carte générale de la Monarchie françoife, contenant l'Histoire militaire jusqu'au regne de Louis XV. *Paris*, 1733, in fol. m. bl. dent.

Dissertations qui peuvent servir de prolégomenes de l'Ecriture Sainte, par Dom Aug. Calmet. *Paris*, 1720, 3 vol. in 4.

N°. 24. 54 vol. in 8.

Nouveau Dictionnaire historique, par une Société de gens de Lettres. *Paris*, 1772, 6 vol. in 8.

Œuvres diverses de la Fontaine. *Paris*, 1744, 4 vol. in 12.

Œuvres de Rousseau. *Lond.* 1753, 5 vol. in 12.

Œuvres diverses de M. Lefranc. *Paris*, 1753, 4 vol. in 12.

Œuvres du Philosophe de Sans-Souci. *Neufchatel*, 1760, 4 tom. en 2 vol. in 12.

N°. 25. 73 vol. in 8.

John Milton's Paradise lost and regain'd with notes by Th. Newton. *London*, 1750, 4 vol. in 8. with cuts.

Thomson's Seasons and other Poems. *Lond.* 1730, in 8.

Mich. Drayton's works. *Lond.* 1753, 3 vol. in 8.

Poems supposed to have been written at Bristol by Th. Rowley and others in the fifteenth century. *Lond.* 1777, in 8.

Dialogues of the Dead. *Lond.* 1765, in 8.

Dryden's miscellaneous works. *Lond. Tonson,* 1760, 4 vol. in 8.

Dryden's Dramatick works. *London, Tonson,* 1735, 6 vol. in 12.

Butler's Hudibras with cuts by Hogarth. *Dublin*, 1732, in 12.

Le même en anglois & en vers françois. *Lond.* 1757, 3 vol. in 12. fig.

Northumberland's Houshold-book. *Lond.* 1768, in 8. d. f. tr.

An Essay on Shakespear. *Lond.* 1770, in 8.

Will. Mason's Poems. *Lond* 1764, in 8. m. r.

Miscellany Poems publish'd by Dryden. *London*, *Tonson*, 1727, 6 vol. in 12.

The works of the most celebrated minor Poets. *London*, 1749, 3 vol. in 12.

Jos. Addison's Miscellaneous works. *London*, 1766, 4 vol. in 12.

Matth. Prior's Poems on several occasions. *Lond.* *Tonson*, 1754, 2 vol. in 12.

Cibber's Dramatick works. *Lond.* 1760, in 12.

N°. 26. 74 vol. in 8. in 12. & in 4.

Cowley's works. *London*, *Tonson*, 1707, 3 vol. in 8.

Buckingham's works. *London*, 1740, 2 vol. in 8. m. viol. dent.

Reliquies of Ancient English Poetry. *Lond.* 1765, 3 vol. in 12.

Gay's Poems on several occasions. *Lond.* *Tonson*, 1745, 2 vol. in 12.

Young's night thoughts. *Lond.* 1751, in 12.

John Hughes's Poems. *London*, *Tonson*, 1735, 2 vol. in 12.

Leonidas. *Dublin*, 1737, in 12.

Lord Lansdowne's works. *London*, *Tonson*, 1736, 3 vol. in 12.

Spenser's works. *London, Tonson,* 1750, 6 vol. in 12.

Paradisus Amissus, Poëma Joan. Miltoni lat. redd. a Guil. Dobson. *Oxonii, è Theat. Sheld.* 1750, 2 vol. in 4.

M. Tul. Ciceronis opera omnia. *Amst. Elzevier,* 1661, in 4.

Ejusdem Epistolæ ad Familiares in usum Delph. *Paris,* 1685, in 4.

Ejusdem Orationes, in usum Delphini. *Paris,* 1684, 3 vol. in 4.

Mémoires & Négociations du Chevalier D * *. *Lond.* 1764, in 4.

Vite di Pittori di Giorg. Vasari. *Bologna,* 1647, 3 vol. in 4. fig.

Earl of Chesterfield's letters. *Lond.* 1774, 2 vol. in 4.

Owen Cambridge's account of the War in India between the English and French. *Lond.* 1761, in 4. with maps.

Warner's History of Ireland. *Lond.* 1763, in 4.

An Irish-English Dictionary. *Paris,* 1768, in 4.

Nº. 27. 54 vol. in 4.

Histoire de l'Académie des Inscriptions & Belles-Lettres. *Paris,* 1756, 32 vol.

George Anson's Voyage round the World. *Lond.* 1749, in 4. with cuts.

James Cook's Voyage towards the South Pole. *Lond.* 1777, 2 vol. with cuts and maps.

Will. Robertson's Hist. of Scotland. *Lond.* 1760, 2 vol.

X Will. Robertſon's Hiſtory of America. *Lond.*
1777, 2 vol.

Oſſian's Fingal , and Temora ancient epic Poems
tranſl. by Macpherſon. *Lond.* 1762, 2 vol

Potter's Tragedies of Æſchylus. *Norwick* , 1777.

X Th. Warton's Hiſtory of English Poetry. *Lond.*
1774, tom I.

Adam Smith's inquiry into the nature and cau-
ſes of the wealth of Nations. *Lond.* 1776 ,
2 vol.

Edw. Gibbon's decline of the Roman Empire
Lond. 1776 , tom. I.

George Lord Lyttelton's Works. *Lond.* 1765 ,
1 vol.

James Bealties's eſſays on nature, Poetry, Laugh-
ter , and ludicrous compoſition. *Edinburgh* ,
1776 , 1 vol.

Jacob Bryant's new ſyſtem , or analys of ancient
Mythology. *Lond.* 1774, 3 vol.

N°. 28. 62 vol. in 12.

Théâtre François. *Paris* , 1737, 12 vol.
Novels and Hiſtories on which the plays of
Shakeſpear are founded. *Lond.* 1753, 3 vol.
Shakeſpear's Works. *Lond.* 1753, 8 vol.
Woodhouſe's Poems. *Lond.* 1766, in 8.
Rocherſter's Works. *Lond.* 1731 , 1 vol.
Sir John. Vanbrugh's plays. *Lond.* 1759, 2 vol.
Will. Congreve's Works. *Lond.* 1719, 2 vol.
Nic. Rowe's plays. *Lond.* 1736, 2 vol.
Th. Otway's Works. *Lond.* 1757, 3 vol.
Nath. Lee's Works. *Lond.* 1713, 2 vol. in 8.

B

N°. 29. 49 vol. in 12.

Poesie del Signor Abate Metastasio. *Parigi* 1755, 9 vol. in 8.

A Select Collection of old plays. *London.* 1744, 12 vol. in 12.

Le Comedie del dottore Goldoni. *In Torino*, 1756, 19 vol. in 8.

N°. 30. 107 vol. in 12.

Hist. de M. Oufle. *Paris*, 1754, 2 vol.

Le Roman de la Rose, par Guil. de Lorris & Jean de Meun. *Paris*, 1735, 3 vol.

Les Apropos de la Folie & de la Société. *Paris*, 1776, 3 vol. in 8.

Œuvres de Maître François Rabelais. *Amsterd.* 1715, 5 vol. in 8.

N°. 31. 88 vol. in 12.

Richard Steele's dramatick Works. *Lond.* 1761, 1 vol.

George Farquhar's Works. *Lond.* 1760, 2 vol.

Henry Fielding's History of Tom Jones. *Lond.* 1749, 6 vol.

Hau Kiou Choaan, or the pleasing History. A translation from the Chinese language. *Lond.* 1761, 4 tom. 2 vol. with cuts.

The vicar of Wakefield. *Lond.* 1766, 2 vol.

The Adventures of Roderick Random. *Lond.* 1774, 2 vol.

Shaftesbury's characteristicks of men and manners. *Lond.* 1749, 3 vol. in 12.

Le Théâtre de la Foire. *Paris*, 1737, 10 vol.
Le Théâtre Italien de Gherardi. *Paris*, 1717,
  6 vol.
Œuvres de Regnard. *Paris*, 1742, 5 vol.
— de du Freny. *Paris*, 1731, 6 vol.
The Annual register, from the Year, 1758, to
  1772, 1775, and 1776. 17 vol. in 8.

N°. 32. 24 vol. in 12.

Histoire de Don Quichotte. *Paris*, 1741, 6 vol.
  fig.
Histoire de Gilblas, par le Sage. *Paris*, 1747,
  4 vol. fig.
Philip Sidney's Works. *Lond.* 1725, 3 vol. in 8.
L'Astrée de Messire Honoré d'Urfé. *Paris*, 1747,
  4 vol. in 8.

N° 33. 72 vol. in 4 & in 8.

Dictionarium quatuor linguarum, Græcæ, Græcæ
  vulgaris, Latinæ, atque Italicæ. *Venetiis*,
  1757, in 4.
Grammatica Japonicæ linguæ. *Roma*, 1632,
  — Dictionarium linguæ Japonicæ. *Roma*,
  1632, in 4.
Dictionarium Annamiticum Lusitanum & lati-
  num, ope Congregationis de Propaganda Fide.
  Roma. 1651, in
Th. Sig. Bayeri museum Sinicum. *Petropoli.*
  1730, 2 vol. in 8.
Arabicæ linguæ institutiones, auctore Ant. ab
  Aguila. *Roma*, 1650, in 8. m. r.
Des tropes, par du Marsais. *Paris*, 1730, in 8.

Grammaire générale , par M. Beauzée. *Paris,*
1767, 2 vol. in 8.

Histoire des Temps fabuleux, par M. Guerin du
Rocher. *Paris,* 1776 , 3 vol. in 8.

Poetæ minores græci , gr. & lat. *Londini,* 1728,
in 8.

N°. 34. 70 vol. in 4. & in 8.

Méthode latine de Port Royal. *Paris,* 1761 ,
in 8.

Méthode grecque de Port Royal. *Paris,* 1754,
in 8.

Dictionnaire Caraibe françois , par le P. Ray-
mond. *Auxerre,* 1665 , in 8.

Caroli Schaaf Grammatica Chaldaico-Syriaca.
Lugd. Bat. 1686 , in 8.

Fennici Lexici Tentamen. *Stockolm,* 1745, in 4.

Grammatica Damulica, a Bart. Ziegenbalg. *Hala,*
1716 , in 4.

Grammatica Russica. *Oxonii,* 1696 , in 8.

Lexicon Germanicum & Russicum. *Petropoli,*
1731, in 4.

Traité de Méchanique , par M. Matie. *Paris,*
1774, in 4.

Traité de la Culture des terres, par M. Duha-
mel du Monceau. *Paris,* 1753 , 7 vol. in 12.

N°. 35. 52 vol. in 8. & in 4.

Le Microscope mis à la portée de tout le monde.
Paris, 1754, in 8.

Eléments de Fortification par le Blond. *Paris,*
1764, 3 vol. in 8.

Récréations Mathématiques, par Ozanam. *Par.*
1750, 4 vol. in 8.   10 .. 5

Dictionnaire Militaire. *Par.* 1758, 3 vol. in 8.   5 .. 10

Le Spectacle de la Nature, par Pluche. *Paris,*
1764, 9 vol. in 12.   19 . 5

The Natural History of Quadrupedes, by R
Brookes. *London,* 1763, 6 vol. in 12. fig.   23 .. 29

Cours d'Architecture, par Daviler. *Paris,* 1691,
3 vol. in 4. fig.   10

Abridgment of the Philosophical transactions,
by Baddam. *London,* 1739, 10 vol. in 8.   36 .. 1

Histoire Naturelle, par M. de Buffon. *Paris,*
1769, 13 vol. in 12.   26 .. 4

N°. 36. 58 vol. in 12.

Histoire Critique de la Philosophie. *Amsterdam,*
1737, 3 vol.   7 .. 2

Traité de l'Opinion, par le Gendre. *Paris,* 1741,
7 vol.   5 .. 6

La Mythologie, & les fables expliquées par
l'Histoire, par l'Abbé Banier. *Paris,* 1764,
8 vol.   17

Histoire de l'Ordre de S. Louis, par M. d'Aspect.
Paris, 1780, 2 vol. in 8.   2 .. 5

N°. 37. 64 vol. in 12.

Sermons du P. de Neuville. *Paris,* 1776, 8 vol.   15

Histoire de Cicéron. *Paris,* 1743, 4 vol.   4 .. 4

Mémoires de Littérature & d'Histoire, par le
P. Desmolets. 11 vol.   8 .. 19

Mêlanges de Littérature, par M. d'Alembert.
Amsterd. 1770, 5 vol.   5 .. 19

N°. 38. 56 vol. in 8. & in 4.

Locke's Essay concerning Human Understanding. *Lond.* 1748, 2 vol.

Sherlock upon Death. *Lond.* 1751.

Inquiry into the origin of our ideas of the sublime and beautiful. *Lond.* 1764.

Philological Miscellany consisting of select essays from the Memoirs of the Academy of Belles-Lettres at Paris. *Lond.* 1761.

Beattie's Essay on the nature and immutability of Truth. *Edimburgh*, 1771.

Harris's Hermes, or a Philosophical inquiry concerning language. *London*, 1751.

James Hervey's Meditations. *London*, 1774.

Sharpe's Dissertations upon language. *London*, 1751.

Joann. Wallisii Grammatica linguæ Anglicanæ. *Lond.* 1765.

Foster's Essay on accent and quantity. *Eton*, 1762.

Charles Vallancey's Grammar of the Iberno-Celtic or Irish language. *Dublin*, 1773, in 4.

Th. Sheridan's lectures on elocution. *London*, 1762, in 4.°

Odes of Pindar. *London*, 1753, 2 vol. in 12.

Irish and English Catechism. *Paris*, 1742, in 8.

N°. 39. 76 vol. in 12.

Œuvres de Fontenelle. *Paris*, 1742, 6 vol.

—— du Philosophe Bienfaisant. *Paris*, 1769, 4 vol.

Dialogues des Morts , par Mylord Lyttelton.
    Amst. 1767 , in 8. pap. f. m. r. dent. _ _ _ _ _ _

David Hume's Essays. *Lond.* 1748.

Essais de Michel de Montaigne. *Lond.* 1745 ?
    7 vol.

      N°. 40. 67 vol. in 8 & in 12.

Logique de du Marsais. *Paris,* 1769.

Les Fondements de la Foi , par Aymé. *Paris,*
    1775 , 2 vol. in 12.

Avent & Carême de Massillon. *Paris,* 1745 ,
    2 vol.

Lettres de quelques Juifs à M. de Voltaire. *Par.*
    1776 , 3 vol.

  Un MS. Chinois. in 8.

  Un MS. Arabe. in 8.

Les Livres seront vendus dans l'ordre qui suit :

Lundi 23 Avril.

N°ˢ 37 , 39 , 32 , 2 , 3 , 4 , 40 , 9 , 10 , 11 , 22.

      Mardi 24.

N°ˢ 24 , 25 , 26 , 28 , 29 , 30 , 5 , 6 , 1.

      Mercredi 25.

N°ˢ 13 , 14 , 16 , 17 , 18 , 20 , 15 , 12 , 19 , 7 , 8.

      Jeudi 26.

N°ˢ 21 , 31 , 33 , 34 , 35 , 36 , 38 , 23 , 27.

Lu & approuvé. A *Paris,* ce 4 *Avril* 1781.
      F O U R N I E R , Adjoint.

Vu l'Approbation, permis d'imprimer, ce 10
Avril 1781. LE NOIR.

La Notice se distribue chez G. DE BURE, fils aîné, Libraire, Quai des Augustins.